愛天 愛人 愛国

One hundred messages for you

100のメッセージ

世界平和統一家庭連合

光言社

はじめに

神様が「天の父母」であることが明確に示されたこの時代、私たちは天の父母様（神様）と真の父母様に正しく侍《はべ》りながら、成長していくことが願われています。

真の父母様は、生涯《しょうがい》をかけて天の父母様の心情を私たちに伝えるため、多くのみ言《ことば》を語られました。とりわけ、若者に対する教育理念として「愛天愛人愛国」を掲《かか》げ、天を愛し、人を愛し、国を愛する人になりなさいと願われています。

本書は、この「愛天愛人愛国」をテーマとして、私たちの心を天の父母様の心情のもとへ導く本質的なみ言を１００個選び、「愛天愛人愛国１００のメッセージ」としてまとめました。

ページをめくれば、天からのメッセージが目から心に飛び込《こ》んできます。

しばらくその言葉（右ページ）を味わってから、その前後を含《ふく》むみ言《ことば》（左ページ）を読んでみてください。そこには、真の父母様が私たちを天の父母様の懐《ふところ》へ導こうとされる愛と、生きる道しるべがあります。

日々《ひび》の生活の中で、ふとした瞬間《しゅんかん》にこのみ言集を手に取って、ページをめくってみてください。きっと、今のあなたに必要なみ言が与《あた》えられるはずです。あなたの心に、一筋の天の導きの光が差し込《こ》むことでしょう。

未来の希望である二世・三世圏《けん》の中学生、高校生、大学生、青年の皆《みな》さんはもとより、全祝福家庭、食口《シック》の皆様に愛読していただきたい書籍《しょせき》です。

本書が、日々の信仰《しんこう》生活の糧《かて》になることを願ってやみません。

世界平和統一家庭連合 青年学生局

※引用元の書籍は、各み言の終わりに記すとともに、奥付に書籍ごとの版・刷を記載しました。また、表記・分量などの関係で、一部編集しているみ言があります。

目次

第三章　愛人　91

第四章　愛国　145

序 章

愛天愛人愛国

1

真の教育とは、
「愛天愛人愛国」という目標を
実践するところにあります

最高の真理とは何でしょうか。第一に、天をよく知り、その中心であられる神様を明確に知ることです。第二に、世界の中心である人間を明確に知ることです。第三に、神様と人間が一つになって成《な》し遂《と》げようとする理想の国をよく知ることだというのです。

このような重要な大目標と関係を結ばせるものは、唯一《ゆいいつ》、愛だけがその要だと結論づけざるを得ません。ですから、教育目標を「愛天愛人愛国」に定め、真の教育とは、この目標を実践《じっせん》するところにあると教えてきたのです。（天一国経典『天聖経』五六一頁）

真の父母様は、「愛天愛人愛国」をどのように説明していらっしゃるだろう？

2

神様を愛し、
ために生きる生活を実践し、
神の国をつくり上げるのです

私たち夫婦は苦学生を見ると、自分たちが苦労した頃《ころ》が思い出されるので、彼《かれ》らが空腹に困らずに勉強に専念できるよう、援助《えんじょ》しました。さらに、すべての青少年が自分の夢を成《な》し遂《と》げられるよう、韓国《かんこく》はもちろん、六大陸に幼稚園《ようちえん》から大学院まで、様々《さまざま》な学校を建てました。……

それらすべての学校では、「愛天、愛人、愛国」の建学精神に則《のっと》り、世界のために献身《けんしん》する人材を育てています。「愛天」とは、神様を愛するということです。真の愛と真理の本体であり、人格の原型であられる神様を正しく知り、その旨《むね》に従って生きていくことです。「愛人」とは、ために生きる生活を実践《じっせん》し、共に生きる市民精神を育むことです。「愛国」とは、祖国を愛し、自分に与《あた》えられた才能を伸《の》ばして、神の国をつくり上げていくことです。（『人類の涙をぬぐう平和の母』二六二頁）

天を愛する、人を愛する、国を愛するとは、例えば何をすることだろう？

第一章

良心

3

良心は、今の自分より良くなれ、良くなれと催促します

絶対的な神様を求めて上がっていけるようにする何かの作用が、人間の中になければなりません。その作用がなければ到達《とうたつ》できないので、それを望む力がなければなりません。「私」を刺激《しげき》して引っ張り、押《お》してくれる力がなければならないのです。それが、私たちが否定できない良心の力です。

良心は高くなることを願って作用します。良心は、現在の自分より良くなれ、良くなれと催促《さいそく》します。この作用だけは否定できません。良心は、現在の自分よりも高くなれと促《うなが》すのであって、低くなるように促したりはしません。きょうよりもあす、あすよりもあさって、今年よりも来年、行けば行くほど、さらに高く、さらに価値のある自分を形成しなさいと促す、その力が良心作用です。（天一国経典『天聖経』三〇頁）

これまで良心の声を感じたことがあるだろうか？　振《ふ》り返ってみよう。

4

人間の良心は、神様を代表する心です

本来、心と体は、切り離《はな》そうにも切り離すことのできない一つのものでした。人間の心は神様の心であり、人間の体はその心を入れる器《うつわ》でした。ところが、人間の堕落《だらく》により、人間の体を悪魔《あくま》に差し出したのです。その時から人間の体は、悪魔の僕《しもべ》になりました。

人間の良心は、神様を代表する心です。良心は、「私」のために存在するのではありません。天の義のために存在するのです。良心は常に、善に向かって走ろうとします。これに体は反抗《はんこう》します。体は自分だけが安らかでいようとし、利己的で本能的要求に従って肉欲を満たそうとします。良心は、この体を叱責《しっせき》し、心に順応させようとします。ここから、常に血のにじむ葛藤《かっとう》と闘争《とうそう》が、一つの体において起こるようになるのです。(天一国経典『天聖経』三八四頁)

良心の声に従えなかったことがあるだろうか？　それはどんな時だっただろう？

5

良心は第二の神様です

良心は第二の神様です。第一の神様はプラスであり、心はマイナスで、第二の神様です。そのような概念《がいねん》をもたなければなりません。心が第二の神様です。第二の神様は常に「私」と共にいます。良心の深い所で、愛と生命と血統の深い所で、私と関係を結んでいるのです。すべてのものを整理して収拾《しゅうしゅう》し、取り除いて、私をしきりに高い場所に導くのです。

ですから、本然の良心は絶えず上がっていくのです。その力が肉身を主管するのです。これがプラスとマイナスとして一つになって自動的に統一され、完成します。私の良心は第二の神様であり、この強い力がいつでも一つの中心として、すべて主管するのです。（天一国経典『天聖経』三八〇頁）

　第二の神様である良心に、自分から語りかけてみよう。

6

良心革命とは、良心の声に絶対服従する内的革命です良心革命は何を意味するのですか。良心の声に絶対服従しなければならない内的革命です。皆《みな》さんの中では、いまだに善を指向する良心の命令と肉身の欲望を追い求める肉心の誘惑《ゆうわく》が、絶えず葛藤《かっとう》を続けているという事実を否定することはできないのです。このような恥《は》ずかしい内面の闘《たたか》いを終息させるためには、良心の位置と作用を明確に知らなければなりません。

良心は、皆さんの一挙手一投足を、さらには皆さんの考えの一点一画まででも、すべて把握《はあく》しています。皆さんの先生より先に知っています。皆さんの父母よりも先に知っています。神様よりも先に知っています。このような良心の命令に逆らえば、どのような結果を招くでしょうか。皆さん自身が呵責《かしゃく》を受けるのです。皆さんの霊魂《れいこん》にほこりが付き、垢《あか》が付いて傷が生じるというのです。（天一国経典『平和経』二九九～三〇〇頁）

良心の呵責を感じたことはあるだろうか？　その時のことを振《ふ》り返ってみよう。

7

心の命令どおりに
体が動く良心的な人を、
人格者というのです

「私」一人には、神様が入っていて、地が入っていて、人が入っています。心が主体となり、体は対象になります。心は、体の中心になるので、意志がなければならず、観念がなければならず、主張がなければなりません。これが一つに一致《いっち》した人を人格者といいます。心の命令どおりに体が動く良心的な人を、人格者というのです。自分の一身を思いどおりにできる人が人格者です。

ですから、心が中心です。心は神様の代身であり、体は人の代身です。神様は人の心を治め、人の心は人の体を治め、人の体は万物《ばんぶつ》を治めるのです。(天一国経典『天聖経』八七一頁)

真の父母様は、人格者とはどのような人であると語られているだろうか？

8

神様の愛を
占領することができなければ、
万事がむなしいのです

神様を探して自分のものにしたとしても、そこに皆《みな》さんの心は安息しようとしないのです。皆さんの心の最後の終着点は、神様を占領《せんりょう》し、神様の愛を占領する場です。ですから、皆さんが神様の愛を占領することができなければ、万事《ばんじ》がむなしいのです。

それでは、人生の最後の目的とは何でしょうか。天の中心たるその方に出会うことが問題ではありません。その方と一緒《いっしょ》に暮らさなければなりません。その方とどんな場所で会い、どんな場所で暮らすかが問題です。その方と中心の場所で会い、その方と中心の場所で暮らそうというのですが、その中心の場所とは、神様の愛の位置なのです。そのため人類の良心が指向する最高の目標は、天運に従って神様と一致《いっち》し、神様の愛を自分のものにしようということです。（天一国経典『天聖経』三八九～九〇頁）

9

良心の前に
一点の恥ずかしさもない
生活をしてください

途方《とほう》もない天の祝福圏内《けんない》に暮らす皆《みな》さんは、今から何よりも自身の生を徹底《てってい》して整備し、準備しなければなりません。まずは個々人《ここじん》を中心として、心と体の絶対的一致圏《いっちけん》を探して立て、汚《けが》れなく、明るく、きれいに輝《かがや》く個性真理体を完成しなければなりません。これ以上蕩減《とうげん》が必要のない生、すなわち蕩減革命を完遂《かんすい》しなければなりません。

永遠にわたって、良心の前に一点の恥《は》ずかしさもない生、すなわち良心革命を勝利しなければなりません。ために生きる真の愛の生を実践躬行《じっせんきゅうこう》し、真の父母様と全人類に心情的な負債《ふさい》を負わずに暮らす生、すなわち心情革命を完成しなければなりません。（天一国経典『平和経』三一一頁）

　良心の前に恥ずかしいこととは、例えばどんなことだろう？

第二章
愛天

10

空気よりも、
差し迫って必要なのが
神様です

統一教会（家庭連合）では、信仰《しんこう》の天国を語りません。侍義《じぎ》を語ります。侍《はべ》ることによって救いを受けるというのです。知らずに侍ることができますか。統一教会の教えを理解することは、問題ではありません。教えれば誰《だれ》でも、すべて分かります。

皆《みな》さんは、神様がいらっしゃることを一日に何回自覚しますか。二十四時間の中で、何回神様がいらっしゃることを感じますか。侍ることによって救いを受けようという人々《ひとびと》が、二十四時間の中で、一、二時間程度侍れば、それでいいと思いますか。空気よりも、差し迫《せま》って必要なのが神様です。水よりも、差し迫って必要なのが神様です。御飯《ごはん》より、もっと貴《とうと》いのが神様です。（天一国経典『天聖経』一一六五～六頁）

　一日の中で、どのような時に神様のことを感じるだろう？

11

うれしいとき、
神様をどれほど
喜ばせてさしあげましたか

神様に侍《はべ》った者として、皆《みな》さんは、うれしいとき、神様をどれほど喜ばせてさしあげましたか。皆さんは、おなかがすいたとき、御飯《ごはん》を食べながら感じる有《あ》り難《がた》み以上に、神様に侍ってさしあげなければなりません。皆さんは、良い物を食べるときや着るとき、そして、悲しいときや困難なときにも、常に神様に侍らなければなりません。そうして、神様の心に記憶《きおく》される事情を残しておかなければなりません。（天一国経典『天聖経』一一七一頁）

うれしいときや悲しいとき、神様のことをどれくらい考えてきただろう？

12

侍る生活をするのは、神様の愛を受けるためです

神様の愛をたくさん受ければ受けるほど、大きくなっていくので、自動的に中心的な個人になり、団体になるのです。また、国民を通して愛を受けられる基盤を築けば、世界を動かせる国家になります。このような原則があるので、皆さんは、侍る生活をしなければなりません。侍る生活をするのは、神様の愛を受けるためです。神様にまず侍らなければなりません。

　神様の愛を受けるためには、どのようにしなければならないのでしょうか。神様は、私たち人間に完全な愛をもってこられるので、私たちは、完全な何かを投入しなければなりません。「至誠感天（至誠、天に通ず）」という韓国の格言があるのですが、それは天理に通じた言葉です。精誠をすべて捧げるというのは、内外のすべてを尽くすということです。また言行一致、すべての実践、内外のすべての生活圏までも合わせて捧げるということです。それが精誠です。（天一国経典『天聖経』一一六九頁）

35　神様に侍るとは、具体的に言うと、どういうことだろう？

13

いつでも神様に侍り、相談する姿勢で生活してください

天に従っていく道は、真の悲しみを受ければ真の喜びが、「私」が想像できないほどの喜びがやって来るのです。私が受けられず、私が感じられなければ、自分の妻や自分の子女、自分の先祖にそのような喜びが訪れるというのです。ですから、すべての出来事を軽率《けいそつ》に扱《あつか》うことができないのです。

いつでも神様に侍《はべ》り、相談する姿勢で生活しなければなりません。心が重苦しければ、座《すわ》って祈《いの》りなさいというのです。寝《ね》るのが問題ではなく、働くのが問題ではありません。祈りが生活化されなければなりません。（天一国経典『天聖経』一〇三二頁）

私が悲しいとき、神様は私のことをどのように見つめていらっしゃるだろう？

14

先生の仕事を、代わってなす人を必要としています

先生は、皆《みな》さんの世話にはなりません。勉強をよくして、教会のために仕事をするのですか？　そんな人の助けを受けるような、つまらないレバレンド・ムーンではありません。私が、すべてつくりあげていくのです。すべてをつくったのです。アメリカでも、私が面倒《めんどう》を見てあげた人々《ひとびと》がたくさんいます。ですから、私は大きなこともできるというのです。皆さんの世話になろうとは思ってもいません。ただ、先生の永遠なる仕事を、代わってなしてくれる人を必要としているのです。

より楽に暮らそうと考える人は、地獄《じごく》に近い所に降りていこうとする人であり、より厳しく暮らそうとする人は、天国に近い所に昇《のぼ》っていこうとする人です。皆さんはどんな人ですか？（『文鮮明先生マルスム選集』一三三巻二八頁、一九八四・七・一）

真の父母様が担《にな》ってこられた「永遠なる仕事」とは何だろう？

15

皆さんの本質は真の父母です

祝福家庭の子女である皆《みな》さんの本質は、真の父母です。真の父母から離《はな》れたら、皆さんに存在価値は生まれません。祝福された皆さんの立場においても、責任を果たさなければならないのです。皆さんが完成した人間として、祝福を受ける位置に進むまで、真の父母と一体となった立場で勉強をしてください。

皆さんが何かの実力を磨《みが》くときも、いつも「私はこれをして、真の父母様にお見せしなければならない。真の父母様が願われることだから、私がその一部を担《にな》い、成功しよう」と考えるのです。そのような欲心は良いのです。しかし、自己中心的な欲心は災《わざわ》いをもたらすということを知らなければなりません。（真のお母様、アメリカ・ニューヨーク、二〇一六・一二・四）

「祝福子女の本質は真の父母」とは、どういう意味なのだろう？

16

伝統は、真の父母が中心です

成長過程において、立派に育つという責任を果たさなければなりません。真の父母と一つにならなければならないのです。そのようにできなければ、責任を果たしていないという立場に立つことになります。伝統は、真の父母が中心です。

私は、肉の父母である以前に、全人類の真の父母です。私は原則のとおりに生きています。真の父母であるがゆえに、私情に傾《かたむ》くことはありません。

歴史始まって以来、後にも先にもない、初めての真の父母です。真の父母の孝子、孝女になるのは、皆《みな》さんの責任です。私は皆さんを孝子、孝女として抱《いだ》くために、このような場を用意しました。皆さんが世の中の光となることを願います。（真のお母様、オーストリア・ウィーン、二〇一五・五・一〇）

17

栄光の場で侍るより、
悲惨な場で侍る真の孝子、
孝女になりましょう

私たちが抱《いだ》くべき希望とは何でしょうか。天に代わってこの地に来られる真の父母様に侍《はべ》ることを心から希望しなければなりません。侍るには、勝利の基盤《きばん》が形成されたのち、万民《ばんみん》が仰《あお》ぎ見、万民が恭敬《きょうけい》するようになった立場で侍ることを願ってはいけないのです。悲しい歴史を経ている真の父母に侍ることを願わなければなりません。悲しい歴史を経ている真の父母に侍れなかったことを、先祖たちは恨《ハン》と思っています。真の父母に侍ることを、全人類は心から希望するのです。ですから、栄光の場で侍ろうとするより、悲惨《ひさん》な場で侍る真の孝子、真の孝女にならなければなりません。（天一国経典『天聖経』一七〇頁）

真の父母様が感じていらっしゃる悲しみがあるとすれば、何だろう？

18

神様がどんな路程を歩んできたかを知ってください

人間は本来、堕落《だらく》していなければ、善なる世界で立派に育ち、神様の愛の祝福を受けて、神様の心情に通じる子女になることができました。ですから、神様が「あなたたちは私の心情を受け継《つ》ぐことができる孝子、孝女だ」と言える心情関係を完結しなければなりません。心情が通じなければ孝子、孝女になれないのです。

神様がどのような路程を歩んできたかを知らなければなりません。そうして創造理念の前に掲《かか》げられる、本然のアダムとエバの形態を整えなければならないのです。（天一国経典『真の父母経』七〇〜一頁）

神様が復帰歴史において特に苦労されたのは、どんなことだろう？

19

孝子、孝女となるためには、
父母の心情と一つになるのです

皆《みな》さんを誕生させた方は誰《だれ》でしょうか。真の父母の孝子、孝女にならなければなりませんね？　そのためには、父母の心情と一つになることができなければなりません。

朝、目が覚めたら、「天の父母様、ありがとうございます。きょう一日を出発しますが、天から見て、真の父母様の愛を受ける私になれるよう、努力します」と最初に考えるのです。

そのようにして生活を始めるべきです。そのようにしていましたか？　これからは変わらなければなりません。皆さんはとても幸せな人たちです。

(真のお母様、韓国・天正宮博物館、二〇一七・八・三)

朝起きた時に神様、真の父母様のことをどれだけ思ってきただろう？

20

天に対する孝情の心が、世界人類を救うのです

祝福家庭は氏族メシヤになりなさい、と言いました。氏族で終わってはいけません。世界人類を考えなければならないのです。年を取った人よりも、若者のほうが歩くのも速いでしょう？　皆《みな》さんの活力、精力、天に対する孝情《ヒョヂョン》の心が、世界人類を救うのです。皆さんによって、世界人類が光を見いだすのです。つまり、真の父母を知るということです。これをすべきだと思いませんか？（真のお母様、韓国・天正宮博物館、二〇一七・五・九）

真の父母様が語られる「孝情」とは、どのような意味なのだろう？

21

摂理を完成させ、
天一国の安着を示す、
誇らしい孝情郎になりなさい

皆《みな》さんは、六千年を経て、真の父母によって誕生した孝情郎《ヒョヂョンナン》です。今は、天の父母様の夢、人類の願いが成《な》し遂《と》げられる、摂理《せつり》的、歴史的な完成期です。

天の父母様は、長い歴史路程を耐《た》え忍《しの》んだ末に、皆さんを探し出されました。六千年ぶりに探し出したのですから、「私の愛する息子《むすこ》、娘《むすめ》だ！　愛したい！」とおっしゃることでしょう。皆さんは、人類が天の父母様の懐《ふところ》に帰ってこられるようにする中心人物です。摂理を完成させ、天一国の安着を彼《かれ》らに示す、誇《ほこ》らしい孝情郎になりなさい！　私は信じています。愛しています。（真のお母様、韓国・天正宮博物館、二〇一九・七・一三）

誇らしい孝情郎になるためには、どんなことができるだろう？

22

常に太陽を向く
ヒマワリのように、
常に真の父母を見るのです

全人類が天のみ旨《むね》を知り、受け入れるようになるためには、私たちの環《かん》境《きょう》がさらに広がらなければなりません。そのために、皆《みな》さんは正道を進まなければなりません。雲がかかっていようといまいと、常に太陽を向くヒマワリのように、皆さんは常に真の父母を見るのです。

天から印《いん》を押《お》されるまでは、絶対的に、独り娘《むすめ》である真の母と一つにならなければなりません。この道だけを行かなければならないのです。

そうすれば、皆さんは順風の中にある帆船《はんせん》のように、天の風が吹《ふ》くままに進むようになっています。どれほど祝福された立場であるかを考えなければなりません。皆さんが立派に成長し、指導者になって世の中の環境圏《けん》を広げていけば、天が共にあります。（真のお母様、韓国・天正宮博物館、二〇一九・一一・一七）

真の父母様と一つになっている人とは、どのような人だろう？

23

信仰的な苦難こそ、
神様の恩恵を感じられる
最も貴い祝福です

　もし、私がうれしいことばかりを経験していたなら、他の人の深い内面世界に気づくことはできなかったでしょう。また、天国の喜びも分からなかったでしょう。私は地獄《じごく》のどん底まで経験し、ありとあらゆる苦労を味わいました。神様はひたすら、私を鍛錬《たんれん》してくださいました。私に必要なものは、疲《つか》れを知らない信仰《しんこう》と、堅固《けんご》な意志、そして忍耐《にんたい》でした。それらが今日の私をつくり上げたのです。

　誰《だれ》であれ、天国への道のりで、甘《あま》く楽しいことばかりを手にすることはできません。信仰的な苦難こそ、神様の恩恵《おんけい》を感じられる最も貴《とうと》い祝福です。その試練に打ち勝ってこそ、真なる人間として新たに生まれ変わることができます。忍耐という苦い種が一つ一つ実を結び、いつの日か、光り輝《かがや》く誇《ほこ》りとなるのです。（『人類の涙をぬぐう平和の母』一三〇頁）

これまでで、自分を大きく成長させてくれた経験とは何だろう？　振《ふ》り返ってみよう。

24

「訓読会」には、
み言を流し、広めるという
意味があります

訓読会の「訓」の字は、言偏《ごんべん》に「川」ですが、川は水です。水は流れていくのです。水は流れてこそ生きます。「訓」というのは、み言《ことば》の水を象《しょう》徴《ちょう》しているので、動いてこそ生きるのであって、そのままでは腐《くさ》ります。

水は高い所から低い所に流れていかなければなりません。ひたすら伝授してあげなければならないのです。澄《す》んだ水が流れなければならず、汚《よご》れた水が流れてはいけません。純潔精神がそこにあるというのです。訓読会は水のようにみ言を流すのです。み言の水を閉じ込《こ》めておけば腐ります。「読」の字は、言偏に「売」なので、み言を分け与《あた》え、広めなければなりません。訓読には、そのような意味があるのです。（天一国経典『天聖経』一一九六〜七頁）

今までに読んだみ言で、印象に残っているのはどんなみ言だろう？

25

訓読会をすれば、心情の世界に通じます

何人もいない中で、み言《ことば》を語ったこともありました。どれほどもどかしい思いで、み言を語ったでしょうか。数千人ではなく、数十人を前にして雄大《ゆうだい》な話をしたのです。そのつらい心情が、どのようなものであったかを考えてみてください。訓読会をすれば、その心情の世界に通じるので、自然と涙《なみだ》が流れ、自然と喉《のど》が詰《つ》まるのです。訓読会には、そのような力があります。電気で言えば、蓄電《ちくでん》されているというのです。……

死ぬか生きるかという生死の境で語りました。そのみ言は世の中にないみ言であり、天のみ言なので、霊界《れいかい》はそのみ言を中心として、どこに行っても復活の役事《やくじ》を起こすようになります。どれほど深刻な事実かを知らなければなりません。流れていく言葉ではありません。後代の子孫たちに残さなければならない遺言《ゆいごん》なのです。（天一国経典『真の父母経』一三六二頁）

真の父母様は、どのような心情でみ言を語られているのだろう？

26

訓読会を一番熱心にする方が神様です

統一教会(家庭連合)で訓読会を一番熱心にする方が神様です。次がお父様であり、その次がお母様です。お父様が語ったみ言なので、すべて知っているのに、熱心にするのは、皆さんと和合するためです。完全な主体の前に対象をつくってあげ、父母様がしていたことを皆さんもできるようにしてあげるために、訓読会をするのです。

いつも神様と共に訓読会をするのです。ですから、皆さんの父母たちと共に訓読会をし、兄弟たちと共に訓読会をすることが、どれほどの福か分かりません。それが、神様に侍って暮らすことなのです。(天一国経典『真の父母経』一三六〇頁)

あなたが一緒にみ言を訓読したい人は誰だろう？

27

訓読会をすれば、霊的な生命が成長します

御飯を食べることは忘れても、訓読会をすることを忘れてはいけません。朝にもやり、昼にもやり、夜にもやらなければなりません。夜に御飯を食べて時間があれば、またしなければならないのです。朝起きてやり、昼食の時に御飯を食べてやり、寝る前にもう一回やりなさいというのです。

そのようにすれば、霊的な生命が成長します。やらなければ、真っ暗で雨の降る日のようであり、霧がかかったように重苦しいというのです。祈る時間よりも、訓読会の時間をより一層重要視しなければなりません。これは、自分を完成させる道です。父母様が完成させる時間だというのです。

（天一国経典『真の父母経』一三六四頁）

み言訓読

霊的生命が成長するとは、どういうことだろう？

28

祈りとは、
神様の心情的基準を中心として
関係を結ぶものです

難しい問題があるときは、祈《いの》りを捧《ささ》げて解決していかなければなりません。それでは、祈りはなぜするのでしょうか。

祈りとは、神様の心情的基準を中心として関係を結ぶものです。ある問題を中心として、真の意味で国を心配し、神様を心配する思いで祈りを捧げれば、神様は、必ず前後を教えてくれるようになっています。そのような役事《やくじ》は、いくらでもあるのです。（天一国経典『天聖経』八七五頁）

真の父母様は、祈りをどのようなものだと語られているだろう？

29

祈りが慰労の言葉として神様に伝えられるようにしましょう

先生は、祈りが最も威力のあるものと信じています。不可能を可能にすることができるからです。統一教会（家庭連合）では祈りを強調しますが、他の特別な方法で祈るのではありません。

しかし、その内容は異なるのです。「自分自身のために祈ってはいけない」というのが先生の教えです。自らの使命のために、そして他の人のために、また自分の祈りが慰労の言葉として神様に伝えられるようにしなさい、と教えています。（天一国経典『天聖経』八七五頁）

祈り

祈祷をする目的とは何だろう？

30

率直に告げるのが祈りです

不都合な立場を解消するためには、自分自身に対して率直《そっちょく》に告げなければなりません。「私は本来、このような人です」と率直に通告し、「私はこのように悪い人だが、あなたは善の人なので、私のような人に同情して、行くべき道を模索《もさく》できる方案があれば、私に哀《あわ》れみを施《ほどこ》してください」と言わなければなりません。

祈《いの》る心で人と向き合えば、自由な環境《かんきょう》が広がります。しかし、ただそのまま踏《ふ》みとどまっていては、いくら自分がやっても、心では収拾《しゅうしゅう》がつきません。環境を収拾できないというのです。ですから、「私はこのような人間ですが、あなたと関係を結びたいのです。ですから、哀れみを施してくださいと率直に告げなければなりません。それが祈りです。（天一国経典『天聖経』八七四頁）

　自分はどのくらい率直に祈れていたか、振《ふ》り返ってみよう。

31

これからは祈祷ではなく、報告する時です

これからは、「祝福中心家庭、誰々《だれだれ》の名によって報告いたします」と言わなければなりません。祈祷《きとう》ではありません。「報告いたします」と言うのです。報告する時が来ました。

報告しようとすれば、善の結果がなければなりません。乞食《こじき》のように、いつも「願います、願います」と言いますか。誇《ほこ》るために報告しなければなりません。実績がなければ報告もできないのです。（天一国経典『天聖経』一二三二頁）

きょう、神様に報告したいことはあるだろうか？　それは何だろう？

32

祈るすべての、それ以上の
主人になった立場で祈るのが、
「アーヂュ」です

「祈（いの）った内容のとおりになりますように」というのが「アーメン」ですが、「なる」というのは何でしょうか。「私がなった」という立場に立ちなさいということです。

「アーヂュ！　私は、祈るすべての、それ以上の主人になりました」という立場で祈りなさいというのです。祈る内容が私と関係なければ、「アーヂュ」と言うことができません。（天一国経典『天聖経』一二三三頁）

祈り

「アーヂュ」にはどんな意味があるのだろう？

33

「統一原理」は、
一つの哲学でも学説でもなく、
「神様の原理」です

「統一原理」は、一つの哲学でもなく、学説でもなく、言葉それ自体のように「神様の原理」です。これは神様の不変の真理です。一度その真理が明らかになれば、その原理どおりに生きなければならず、その原理のもとで行動しなければなりません。少なくとも、その原理の成就のための基台が造成されなければならないというのです。そうすれば、サタンが侵犯できません。

ある一人の人が真理と完全に一体になったときには、サタンが彼を神様から引き離して連れていくことができません。例えば、神様とアダム、エバが真理を中心として完全に一つになっていたとすれば、サタンが侵犯する余地はなかったでしょう。真理は実体化されなければなりません。真理は、生きている人間の中で存続し、完成されなければならないのです。（天一国経典『真の父母経』四一九～二〇頁）

「神様の原理」とは、何を意味しているのだろう？

34

原理を研究すればするほど、
真の父母様を
さらによく理解できます

統一原理

　「統一原理」は、私の生涯の記録でもあります。それは、私自身の生活経験です。この「統一原理」は私の中にあり、私は「統一原理」の中にいます。多くの人々は、私がただ真理の発表者であり、その伝達者にすぎないと言いますが、私は真理のとおりに生きており、それを具現しました。したがって、人々が私と私の行動を理解する唯一の方法は、「統一原理」に通じることのみです。「統一原理」を知って研究することによってのみ、私を理解することができます。原理を研究すればするほど、私をさらによく理解できるというのです。（天一国経典『真の父母経』四二〇頁）

「統一原理」をもっと理解するために、何ができるだろう？

35

真の父母様は、
「統一原理」を教えて
実践するために、
生涯の一瞬一瞬を捧げています

私が明らかにした「統一原理」は、平凡に得られたものではありません。「統一原理」の根本は、徹底的な祈りの中で、霊界の聖人や賢人たちとの交流は言うまでもなく、神様との深い交わりから見いだしたものです。サタンとの血みどろの闘いを通して得た勝利なのです。

　私はこの「統一原理」を教えて実践するために、生涯の一瞬一瞬を捧げています。「統一原理」は全世界に伝播され、人をして、生きていらっしゃる神様と新しい関係を結ばせ、その人生を変化させています。（天一国経典『平和経』四七五頁）

「統一原理」を学ぶ目的とは何だろう？

36

礼拝時間より
早く来た分の時間は、
神様のために捧げた
時間になります

礼拝時間より早く来た分の時間は、神様のために捧げた時間になるので、千金、万金を払(はら)っても買えない価値があります。礼拝時間は、神様に捧げる時間なので、その時間に遅(おく)れてくるというのは、神様の恩恵(おんけい)をどろぼうすることになるのです。

礼拝は、定められた時間に出てきて捧げなければなりません。そうすることにより、その分できなかったことを蕩減(とうげん)もでき、神様のみ前に面目(めんぼく)を立てられるのです。そのようになれば、きのうよりも良い心をもって、神様のみ前に近づいていけるのです。 (天一国経典『天聖経』一一八二頁)

礼拝

礼拝を捧げるときは、どんな気持ちで臨(のぞ)んでいるだろう？

37

神様に侍る場には、
心情の礼服を着て
参席しなければなりません

神様に侍《はべ》る場には、礼服を着て参席しなければなりません。着る礼服ではありません。「心情の礼服」です。心から、み言《ことば》とともに、賛美とともに、感激した心情が流れ出てくるなら、天は皆《みな》さんを通して役事《やくじ》されるのです。……

神様を失ってはいけないのです。「私」の目で探し出した神様を見失ってはいけません。私の耳で聞いたその神様、私の感触《かんしょく》を通して感じられた神様を、失ってはいけないというのです。さらには、私の心情にしみ込《こ》んでくるその神様を、失ってはいけないというのです。これは、誰《だれ》も干渉《かんしょう》できません。いかなる偉大《いだい》な人、権勢をもった人も、心情に入ってくる神様を引き離《はな》すことはできません。ですから、心情に深く入ってくるその神様をお迎《むか》えしなければなりません。（天一国経典『天聖経』一一八二頁）

礼拝に参加する私たちを、神様はどのように見つめていらっしゃるだろう？

38

礼拝を捧げる時間は、祭祀を捧げる時間です

父母の心情をもち、僕《しもべ》の体で祭物の過程を経ることによって、祭司長であると自称《じしょう》できなければなりません。祭司長になるためには、祭物となる子女がいなければなりません。直系の子女がいなければ、信仰《しんこう》の子女でもいなければならないというのです。

礼拝を捧《ささ》げる時間は、祭祀《さいし》を捧げる時間です。自分の過去を神様に報告し、贖罪《しょくざい》しなければなりません。ですから、礼拝時間は、自由のない時間なのです。（天一国経典『天聖経』一〇二八頁）

礼拝の時間に、一週間を反省できていただろうか？　振《ふ》り返ってみよう。

39

神様の愛を私の愛として
探し出すために、
教会に行くのです

「私は、誰々《だれだれ》のために教会に行く」と言ってはいけません。「私は、私の愛する息子《むすこ》、娘《むすめ》のために教会に行く」、「愛する夫のために教会に行く」、「愛する妻のために教会に行く」という人たちは、越《こ》えていくことができません。

誰《だれ》のために行くのかといえば、神様のために行くのです。神様を「私」のものとして所有するために、神様の愛を私の愛として探し出すために、教会に行くのです。（天一国経典『天聖経』一一八二頁）

教会で神様の愛やメッセージを感じたことはあるだろうか？　振《ふ》り返ってみよう。

第三章

愛人

40

真の愛は、その根を神様に置いています

真の愛とはどのような愛でしょうか。明らかに、世の中でよく言う世俗的な愛のことではありません。気の向くままに与えてはやめてしまう、そのような愛ではありません。肉身の欲望に引きずられ、本心に釘を打つ、そのような放縦と放蕩の愛では決してありません。真の愛は、公益性を帯びた無形の秩序であり、平和であり、幸福の源泉です。世界人類のための共同の財産であり、神様の意志と力の象徴です。

真の愛は、その根を神様に置いているのです。真の愛は、与えれば与えるほどもっと与えたくなり、もっと豊かになり、もっと大きな喜びを抱かせてくれる神秘的な愛なのです。（天一国経典『平和経』六〇五頁）

真の愛

真の愛を自分の言葉で説明してみよう。

41

神様に必要な
たった一つのものは、
愛です

神様には知識が必要ありません。知識を創造された方だからです。全知全能の方だからです。神様にはお金も必要ありません。ダイヤモンドや黄金も思いどおりにつくることができる方です。

その神様には、たった一つだけ必要なものがあるのですが、それが愛です。「神様御自身(ごじしん)は思いのままに愛することができるのではないか」と言いますが、とんでもない話です。神様独りでは作用できないのです。どれほど立派な博士で、天下に号令できる権力者で、天下を掌握(しょうあく)し所有している大富豪(だいふごう)だとしても、一人では愛することができません。ですから、神様に最も必要なものは、真の愛を分かち合える対象者です。（天一国経典『天聖経』二六七〜八頁）

真の愛

神様はどのような思いで人間を創造されたのだろう？

42

人は、成長期間を通じて
神様の真の愛を
段階的に体得していきます

人間は、成長期間を通じて神様の真の愛を段階的に体得していきます。人間は生活の中で父母の愛を通して子女の心情を感じ、兄弟の愛を通して兄弟の心情を感じ、夫や妻の愛を通して夫婦の心情を感じ、子女を通して父母の心情を体恤《たいじゅつ》するようになっているのです。この四つの愛と心情がとどまる基台が家庭です。

ですから、家庭は人間の愛と幸福と生命と血統の基地になるのです。家庭以外には、いかなる所でも四つの愛と心情を学び、体恤することはできません。愛は経験を通して感じ、知るものだからです。人間個々人《ここじん》や家庭、社会、国家や環境《かんきょう》の完成は、家庭の中における真の愛の具現を根拠《こんきょ》としています。（天一国経典『平和経』一三七三頁）

　ここで言われている４つの愛とは何か、考えてみよう。

43

純粋で美しい犠牲的な愛、
それが真の愛です

「家和万事成(いえわしてばんじなる)」という言葉があります。一つの家庭が平和であるならば、万事がうまくいくという言葉です。完成した家庭は平和の家庭であり、それは天国の基礎となります。

家庭の原動力は真の愛です。自分よりも神様、あるいは対象を命のように愛する、純粋で美しい犠牲(ぎせい)的な愛、それが真の愛なのです。神様はこの宇宙に、真の愛の力よりも大きい力を創造されませんでした。真の愛は神様の愛なのです。(天一国経典『平和経』一三六〇頁)

真の愛

真の愛で満たされた世界とは、どんな世界だろう？

44

神様の立場、父母の立場は、まず先に考えてあげる立場です

神様の立場と父母の立場は、まず先に考えてあげる立場です。神様は、「私」よりも先に考えてくださるのです。父母も私より先に考えてくださるのです。だから良いというのです。それで主体なのです。二人で暮らすというとき、「あの食口《シック》（家族）がすべきことを、私がしてあげなければならない」と言うべきです。神様がそのような方です。そのような人が中心です。ために尽《つ》くしてあげる人が中心になるのです。（天一国経典『天聖経』一二二五頁）

　神様の立場に立って、身近な人のことを考えてみよう。

45

ために生きる人は、その家の主人になります

真の愛は、愛して忘れてしまいます。記憶《きおく》しません。善と悪の基準は何でしょうか。悪は与《あた》えて利益を受けようとするもので、善は自分のものを与えても忘れてしまうものです。家においても、よりために生きる人が善の側です。

ために生きる人は、結局、その家の主人になります。十人の友人がいるとして、その中で一番いい友人は、他のすべての友人のために尽《つ》くす友人です。そうすればその友人たちが、ために生きるその友人を中央に置いて侍《はべ》るようになるのです。宇宙は、そのように相続されていきます。（天一国経典『天聖経』二八八～九頁）

あなたにとって一番の友人は誰《だれ》だろう？　なぜそう思うのだろう？

46

他のために
生きようとする人は
滅びません

　ダンベリー刑務所《けいむしょ》にいる時、私は昼食時間にもよく仕事をしました。そのように過ごしているので、刑務所の炊事場《すいじば》の責任者が私の所に来て、「もう昼食の時間ですから、早く食事をしてください」と声をかけてくれました。人は、そういうものなのです。私が昼食時間や朝食時間を逃《のが》してしまうのではないかと、私のところに来ては促《うなが》して食事をさせてくれ、自分の物をよく分けてくれたりしました。人の良心は監獄《かんごく》でも同じです。そのように生きれば、監獄に行っても友達ができ、私を擁護《ようご》する人が現れるというのです。……

　天からそのように受け取ったので、受けたとおりに、その伝統を伝授しなければならないのです。他のために生きようとする人は滅《ほろ》びません。（そのようにして）滅びの道に進めば、宇宙が保護します。（天一国経典『真の父母経』八〇八頁）

　他のために生きたらなぜ滅びないのか、考えてみよう。

47

すべてを奪われて失っても、
犠牲となり、許しながら、
より大きな価値のために
生きるのです

夫が異国の地で無念の獄中《ごくちゅう》生活を送ることになったわけですが、それでも私は、アメリカを許すべきだと思いました。

「怨讐《おんしゅう》までも愛しなさい。そして、ために生きなさい」

統一運動の最も根本的な教えは、「ために生きる」です。死の境地において自らを犠牲《ぎせい》にし、たとえ不本意に濡《ぬ》れ衣《ぎぬ》を着せられたとしても、相手を許し、愛することができるというのが「ダンベリー精神」です。ダンベリー精神とは、すべてを奪《うば》われて失ってしまった立場でも、天のみ旨《むね》に従って犠牲となり、許しながら、より大きな価値のために生きることです。(『人類の涙をぬぐう平和の母』一七一頁)

どのようにすれば、怨讐を許し、愛せるのだろう？　考えてみよう。

48

父母様の生活哲学は、「ために生きること」です

父母様の生活哲学《てつがく》は、「ために生きること」です。どこに行くにしても、ために生きるために行くのです。ですから、一つにするために精誠《せいせい》の限りを尽《つ》くして投入します。一〇〇パーセント以上投入すれば、一つになるようになっています。自分の父母の愛よりも、兄弟の愛よりもさらに大きい天の愛に触《ふ》れれば、サタン世界の愛の圏内《けんない》から離《はな》れて、天の側に移動していくのです。そのような原則的な力が倍加する、天の再創造の摂理《せつり》観が現実的生活舞台《ぶたい》に連結されることによって、神様の息子《むすこ》、娘《むすめ》の権勢を備え、全体を相続するようになるのです。

一つになるためには投入しなければなりません。また、受けた人は、損害を与《あた》えてはいけません。必ずそこに感謝の行為《こうい》を加えることによって、永続的な循環《じゅんかん》運動が可能になり、大宇宙世界と「私」が関係を結ぶことができるのです。（天一国経典『真の父母経』一五二四頁）

49

人間なら誰もが例外なく守るべき絶対必要条件が純潔です

人間が神様に似て完成し、絶対者の息子、娘と呼ばれる人格者の位置を確保するには、天が定めておいた絶対的基準の道を歩まなければなりません。その中で最も重要なものが、正に絶対「性」の基準です。

第一に、結婚式のときまで守るべき絶対「性」、すなわち絶対純潔の基準です。人間は誰もが、生まれてから成長過程を経ていくようになります。父母の愛と保護のもと、比較的安全で無難な幼少年時代を経たのち、周囲のすべての人々はもちろん、万物万象と新しい次元の関係を結び、新しく躍動的な人生を出発する青少年期に入っていきます。外的に成人になるだけでなく、内的に人格完成を通じた絶対人間の道に入る瞬間なのです。

ここで、人間なら誰もが例外なく守るべき絶対必要条件が、正に純潔です。(天一国経典『平和経』六四二頁)

あなたが純潔を守る理由を説明してみよう。

50

真の愛を願う人は、
生殖器官を
守らなければなりません

私たちの器官のうち、最も貴《とうと》いものとは何でしょうか。愛の根本もここから、生命の根本もここから、後代の人類のすべてのものも、ここから連結されます。構造的に見るとき、最も貴く、すべての神経系と結びつけられているのが生殖器官《せいしょくきかん》です。ですから、真の愛を願う人は、生殖器官を守ることができなければなりません。

生殖器官を犯《おか》せば、自分の先祖を侵犯《しんぱん》し、神様を侵犯し、生命の根源を侵犯し、血統と愛、すべてのものを侵犯する罪になるのです。それは、人類を蹂躙《じゅうりん》することであり、歴史時代のすべての人間を蹂躙することであり、すべての理想的愛を破綻《はたん》させることなのです。（天一国経典『天聖経』四六八頁）

　私たちにとって生殖器官がなぜ貴いのか、考えてみよう。

51

愛の器官は、
愛と生命と血統の
中心であり、根源です

愛の器官は、愛と生命と血統の中心であり、根源です。愛の完全な結実も、新しい生命の懐妊《かいにん》も、愛の器官を通してこそ可能なのです。愛の器官を通さなければ、父母の血統が次の世代へとつながりません。このような理由によって、愛の器官は、人体の中で最も大切な部位になるのです。

不幸にも、現代社会は、あまりに多くの状況《じょうきょう》において、この貴《とうと》い愛の器官を間違《まちが》って使っています。社会的、文化的環境《かんきょう》、特に映画、音楽、言論、インターネットなどを通して、愛の器官を間違って使わせるように、誤った方向に向かっていっているのが世界的な趨勢《すうせい》です。若者たちは、いとも簡単にフリーセックスの波にのみ込《こ》まれ、家庭は崩壊《ほうかい》していきます。この現実は、悲惨《ひさん》なことです。（天一国経典『平和経』一一一〇頁）

純潔を守る観点から考えるとき、あなたの周りの環境はどんな状況だろうか？

52

純潔な愛の不在は、家庭の破綻を促し、人類の未来を暗くする根本要因です

既《すで》に昨今の世界では、「純潔」という言葉の価値やその重要性に関する論議さえも、陳腐《ちんぷ》なものとして扱《あつか》われる環境《かんきょう》になっています。純潔な愛の不在は、家庭の破綻《はたん》を促《うなが》し、人類の未来を暗くする根本要因になっているのです。

人類が歴史を通して純潔を強調し、これを大切にしてきた理由は、純潔それ自体が生命の尊厳と直結するものだからです。したがって、純潔を尊重する心は、命を貴《とうと》く思う心と通じるのであり、それは取りも直さず、自らの氏族と全人類を大切に思う心につながるのです。さらには、この純潔の立場は、神様と出会うことのできる心と最も近く通じるのです。（天一国経典『平和経』一〇五六～七頁）

純潔な愛が失われると、なぜ家庭の破綻につながるのだろう？

53

父母の姿を見て、体恤して悟るのが子女の心情です

生まれた瞬間《しゅんかん》から、私たちは宿命的に父母の保護を受けて成長するようになります。父母に仕えて、一緒《いっしょ》に暮らす中で、父母のために命までも捧《ささ》げようという、子女としての父母に対する愛と孝の道の心情を習得して育っていくのです。

父母が直接教えてくれるのではなく、学校で習うのでもありません。子女のために献身《けんしん》的に真の愛の生活をしている父母の姿を見て、体恤《たいじゅつ》して悟《さと》るのが子女の心情です。成長して分別がついていく中で、この子女の心情は完成されるのです。父母のためにすべてを捧げ、永遠に捧げる生活の基準を完成するのです。父母が口を開く前に父母の心を読み取り、父母の願いどおりに侍《はべ》って仕える生活をするのです。父母の目を見ただけで、その心情を推《お》し量《はか》り、真の子女としての道理を尽《つ》くすというのです。（天一国経典『平和経』一五四〇～一頁）

　あなたにとって、父母とはどのような存在だろう？

54

父母様を
もっと愛したという条件を
立てなければなりません

先決問題は、どのように自分自身が完成するかということです。皆《みな》さんが思春期になれば異性に対して愛そうとするのですが、それよりも父母様をもっと愛したという条件を立てなければなりません。「孝子だ、孝女だ」、このようになってこそ神様と愛の関係を結べるのです。これが天理原則であり、創造原則です。

理想相対を考える前に、まず自分自らが父母の前に孝子にならなければならず、父母が孝子として公認できる愛の関係をもたなければなりません。そのためには、父母と一つにならなければなりません。（天一国経典『天聖経』四七二頁）

今よりももっと親孝行をするためには、どうしたらよいだろう？

55

父母のために生まれ、生き、
命を懸けて尽くせる人が
真の孝子になります

真の父母とはどのような人かというと、子女のために生まれ、子女のために生き、子女のために死ぬ人であると言うことができます。そのようになってこそ、真の父母の愛が成立するのであり、子女の前に理想的な父母として登場できるのです。さらには、子女の前に平和の中心になるのであり、幸福の基準になることを私たちは知ることができます。

一方で、真の孝の道は、どこに基準を立てなければならないのでしょうか。その反対の立場です。父母のために生まれ、父母のために生き、父母のために命を懸けて尽くせる人が真の孝子になるのです。このようにしてこそ、父母の前に理想的な子女となり、心から愛することのできる子女になり、幸福と平和の対象になることができるのです。(天一国経典『平和経』五七頁)

真の孝の道とは、どのような道なのだろう？

56

互いに足りない点を補い合い、
良い点は育て、学び合う
真の兄弟愛を完成しましょう

兄弟の心情圏《けん》の完成もまた、一つの家庭で兄弟姉妹同士が調和して暮らしながら、父母の生活の姿から体恤《たいじゅつ》し、学んで完成する真の愛の心情圏です。父や母に似ていく心情圏です。人間関係でいえば前後の関係です。兄が主体なら、弟は対象の立場です。

しかし、兄を絶対的価値の主体の立場に立ててあげるのは、対象である弟です。兄に対して父のように仕えて敬い、姉を母のように信じて頼《たよ》る、そのような美しい兄弟の心情圏が完成するのです。兄は弟に対して、あたかも父母が子女を愛する心情で面倒《めんどう》を見て、ために生きる生活をするのであり、弟は兄や姉に対して、父や母に仕えて侍《はべ》るように敬って侍る真の愛の実践《じっせん》をするのです。

（ここにおいて）互《たが》いに足りない点を補い合い、良い点は育て、学び合う真の兄弟愛が完成するのです。（天一国経典『平和経』一五四一頁）

　理想的な兄弟姉妹関係とはどんな関係か、考えてみよう。

57

様々な個性をもつ兄弟たちが
自分を主張できるのは、
父母の愛と根が同じだからです

家庭には父母がいて、その膝下《しっか》には多くの子女たちが育っています。その多くの子女たちには、各自の個性があります。様々《さまざま》な個性をもつ兄弟たちが自分を主張できるのは、父母の愛と根が同じだからです。そのような主張は、いくら幼い弟と妹の主張だとしても、兄弟たちが無視できません。なぜ無視できないのでしょうか。父母の愛を中心とするからです。大きくても小さくても、父母が共にある立場では、いくら弟と妹の立場にあっても、その弟と妹は父母の愛と一つになった立場にいるので、彼《かれ》らが主張することを認めなければなりません。また、それが歓迎《かんげい》されるように動くのが、家庭生活なのです。（天一国経典『天聖経』五五五頁）

父母は子女たちに、どのような兄弟姉妹関係を願っているだろう？

58

兄弟と食口とすべての人々を、愛で抱かなければなりません

私たちは、互《たが》いに大事にし、愛し合う気持ちが、世の中のどの団体よりも強くなければなりません。真の父母の子女なので、違《ちが》わなければならないのです。今からでも、皆《みな》さんを通して、私が環境《かんきょう》創造をしたいと思います。

高くなろうとばかりするのではなく、互いにために生き、育て合い、誇《ほこ》り合うようになれば、全体が大きくなれるのです。自分だけが優《すぐ》れていると考え、自分が最高であると考えて、自分の考え以外にはないと思う団体や個人は、発展しません。自己中心的に進めば衰退《すいたい》していき、ために生きる生活を実践《じっせん》すれば発展するようになります。

絶対に、自分によって苦しむ人がいてはいけません。私たちは、生命を生かす人々《ひとびと》です。兄弟と食口《シック》とすべての人々を、愛で抱《いだ》かなければなりません。（天一国経典『真の父母経』一五七四頁）

59

兄弟を愛するのは、世界を愛することです

兄弟は横的世界を代表するので、互《たが》いのために生きなければなりません。真の愛は、ために生きるところから始まります。二人が出会うことによって、向こうからはこちらに、こちらからは向こうに、互いに与《あた》えようとするとき、円形運動が起きるのです。円形運動が起きれば、そこから理想圏《けん》が広がります。

兄弟をなぜ大事に思わなければならないのでしょうか。兄弟は、版図が世界的であり、子女は縦的です。兄弟の愛によって横的な基準が広がっていくのです。ですから、兄弟を愛するのは、世界を愛することです。万民《ばんみん》平等思想は、万民兄弟愛を中心として連結されます。それは、世界性を中心として語るものです。そのため、兄弟の愛は一つの軸《じく》から拡大されていくのです。（天一国経典『天聖経』一三〇一頁）

世界の人々を兄弟姉妹として愛せるようになるには、どうすればいいのだろう？

60

先祖たちが
共にいることを忘れず、
霊界と歩調を合わせて
暮らすのです

皆《みな》さんの一生は、母の腹中で十カ月、地上界で空気を呼吸して約百年、それから永遠の天上世界で永生するように創造されました。皆さんが生まれて、正常で健康な人生を営むには、腹中での準備が絶対に必要であるように、皆さんの地上生活は、次の段階である霊界《れいかい》の人生のために、徹底《てってい》した準備の人生でなければならないということです。

言い換《か》えれば、皆さんは、いつ、どこで、何をしても、霊界の先祖たちが皆さんと共にいることを忘れず、霊界と歩調を合わせて暮らさなければなりません。精誠《せいせい》と祈祷《きとう》で霊界と交わって暮らす、地上で完成した霊界人になりなさいということです。（天一国経典『平和経』一五六六頁）

先祖が共にいることを感じたことはあるだろうか？　振《ふ》り返ってみよう。

61

祖父母には神様のように侍らなければなりません

祖母と祖父は、孫を中心として情を結ばなければなりません。それでこそ、愛の垂直線が始まるのです。また、孫は、祖母、祖父と一つにならなければなりません。祖父と祖母は神様と同じ立場なので、神様のように侍《はべ》らなければなりません。そうでなければ、縦的な愛の軸《じく》を見いだすことができません。これを立てたのちに、横が生じるのです。

横的なものは四方に連結されますが、縦的なものはただ一つの方向です。横的なものは東西南北、三六〇度に動くことができ、縦的なものは一つの点で動くことはできますが、分離《ぶんり》することはできないのです。（天一国経典『平和経』五〇八～九頁）

祖父母にどのような姿勢で接していたか、振《ふ》り返ってみよう。

62

世の中を浄化する清い水にならなければなりません

皆《みな》さんは、六千年を経て、サタンと関係のない立場で生まれたので、違《ちが》わなければなりません。世俗《せぞく》に染まるのではなく、世の中を浄化《じょうか》する清い水にならなければならないのです。そのためには、根本を知らなければなりません。

真の父母の前に、孝進《ヒョジン》兄さんのような孝子、孝女、忠臣にならなければなりません。そのためにも、勉強し、努力し、専門知識を生かして私たちの文化を築かなければなりません。希望の灯台になれず、ふらふらしていてよいのでしょうか？　小さな昆虫《こんちゅう》も自らの進むべき道を知り、判断しています。自然を通して学ぶことは本当に多いのです。神様が創造された自然世界は、堕落《だらく》していません。自然の法則に逆らってはいけません。これから、皆さんのすべきことはたくさんあります。（真のお母様、オーストリア・ウィーン、二〇一五・五・一〇）

ピュアウォーターとして、どんな分野で貢献《こうけん》したいか考えてみよう。

63

伝道とは、
喜びながら天の道に
従ってくるようにすることです

伝道とは、サタン世界を捨てて、喜びながら天の道に従ってくるようにすることです。天の国に導くのです。皆《みな》さんを見れば、伝道すると言って、その人が喜ぼうが喜ぶまいが、ただ無理やり「来なさい、来なさい」と言っていますが、それではいけません。人は霊《れい》的存在です。

皆さんは、ある一人の人に対して祈《いの》り、一度実験してみなさいというのです。ある一人の人をこの上なく愛し、その人をみ旨《むね》の前に立たせるために、苦しい心情をもって涙《なみだ》を流してみなさいというのです。そして、研究してみなければなりません。本当にその人の父母が愛する立場以上の場に、「私」がどのようにして行くのかということが問題です。これが闘《たたか》いです。その人の父母以上の心をもち、私がどのようにしてその人を占領《せんりょう》していくのか、これが問題です。（天一国経典『天聖経』一〇四一頁）

64

伝道をして、
神様が愛する息子、娘を
たくさんつくるのです

伝道

今後、霊界に何をもっていかなければならないでしょうか。お金をもっていくのではありません。ですから、今後、皆さんがしなければならないことは、神様が愛することのできる息子、娘をどれだけたくさんつくっていくかということです。人が赤ん坊を生むといっても、数人しか生むことができません。

……

今の復帰過程において、皆さんがサタン世界で神様が愛することのできる息子、娘をたくさんつくるようになるとき、その功労は先祖と連結され、先祖を解放させることのできる道が生まれるのです。これが、復帰路程において自分ができる最大の贈り物です。（天一国経典『天聖経』七八五頁）

141　神様はなぜ、私たちに伝道することを願われるのだろう？

65

伝道や前線の活動を通して訓練し、
先生のような人間に
なってもらいたいのです

見知らぬ人に出会ったのに神様か主に出会ったかのように、訳もなくその人を抱き締《だ》《し》めて泣き出したことがあるでしょうか。先生の人生において、そういうことが何度も何度もありました。神様の悲しい心情、親としての苦しみを味わい知らされた時には、木を抱き締めていつまでもいつまでも泣き続けたことが、幾度《いくど》となくありました。そういう体験こそは、祈《いの》りよりはるかに貴《とうと》いものなのです。そして自分がより惨《みじ》めな立場にあるのを感じる時こそ、神様をより近く感じ得る瞬間《しゅんかん》ではないでしょうか。

先生は、伝道や前線の活動において体験する様々《さまざま》な人間関係を通して皆《みな》さんを訓練し、ある基準以上の人格を形成させようとしていますが、そうして先生が歩んできた人生のパターンを歩んで、先生のような人間となってもらいたいのです。（『祝福家庭と理想天国（Ⅱ）』六二六頁）

第四章

愛国

66

宇宙主管を願う前に自己主管を完成せよ

体と心は、簡単に一つにはなりません。一番の問題は、眠《ねむ》ることと食べることです。おなかがすけば、精神が乱れます。眠気《ねむけ》に襲《おそ》われれば、目が言うことを聞きません。その次には、男性として、女性に対する問題です。これが三大怨讐《おんしゅう》です。

この問題をすべて清算し、きれいにしなければ、天の国に行けません。そのような問題にぶつかるので、標語が「宇宙主管を願う前に自己主管を完成せよ」だというのです。私がいくら天下を牛耳《ぎゅうじ》り、天下を統一すると言っても、私自体の統一を果たせなければ、すべてが一時に崩《くず》れるのです。

(天一国経典『真の父母経』一二四八頁)

自己主管をする上で、あなたにとって一番難しいことは何だろう？

67

体は心の反映なので、
服装はその人の人格を
反映するのです

服装を見れば、その人がどのような人かが分かります。体は心の反映なので、服装はその人の人格を反映するのです。そのような問題において、私たちの日常生活のすべてが教育の生活圏《けん》を形成することによって、その生活圏自体がすべての人に刺激《しげき》的な影響《えいきょう》を与《あた》えるのです。

教育強化の実効性を私たちの生活を通して連結させていけば、そこから社会が発展していくというのです。世界の新しい希望がその場から広がるのです。（天一国経典『天聖経』五五八～九頁）

68

心のもちようが
立派であってこそ、
本当に格好いい人です

他の子たちと一緒《いっしょ》にいても、あなたの根本を、天の品位を損《そこ》なってはいけません。ですから、他の人よりもさらに一生懸命《いっしょうけんめい》に学び、努力して、あなたの実力を豊かに育まなければなりません。そのようにしようと思えば、他の人が眠《ねむ》る時もあなたは努力しなければならず、一分一秒が惜《お》しいことを感じなければなりません。世の中の有名だというあらゆる博士たちを、超《こ》えなければならないでしょう。……

すてきな服を着て、ハンサムなだけが格好いいことではありません。これはすべて殻《から》です。心が、心のもちようが立派であってこそ、本当に格好いい人です。（天一国経典『真の父母経』六二九頁）

69

健康は、
健康な時にこそ意識すべきです

健康は、健康な時にこそ意識すべきなのですが、私たちはこのシンプルな心得を、いつも忘れて生きています。忙《いそが》しい日常の中で、心身のことを顧《かえり》みる機会は、そう多くありません。神様は私たち人間に、「ふえよ」という祝福を下さいました。「ふえよ」とは、必ずしも子孫や物質的な繁栄《はんえい》だけを意味するのではありません。精神的、肉体的な繁栄も私たちの使命であり、私たちが味わうべき喜びなのです。（『人類の涙をぬぐう平和の母』二四九頁）

健康のために、普段《ふだん》から意識して取り組んでいることはあるだろうか？

70

まず心身を鍛錬してこそ、
国を救い、世の中を
救う力も持てるのです

「宇宙主管を願う前に自己主管を完成せよ」――これは、その頃《ころ》（青年時代）の私の座右の銘《めい》です。まず心身を鍛錬《たんれん》してこそ、次には国を救い、世の中を救う力も持てる、という意味です。

私は、食欲はもちろん、一切の感性と欲望に振《ふ》り回されないで、体と心を自分の意志どおりにコントロールできるところまで、祈《いの》りと瞑想《めいそう》、運動と修錬《しゅうれん》によって自分を鍛錬しました。そこで、ご飯を食べる時も、「ご飯よ、私が取り組む仕事の肥やしになってほしい」と念じて食べ、そういう心掛《こころが》けでボクシングもし、サッカーもし、護身術も習いました。おかげで、若い頃よりもかなり太りましたが、今でも相変わらず体の動きだけは青年のように身軽です。（『平和を愛する世界人として』七五頁）

み旨《むね》を歩むための体力に自信はあるだろうか？　腕立《うでた》て伏《ふ》せは何回できるだろう？

71

万民を神様の息子、
娘としてつくるために、
勉強が必要なのです

神様の仕事は何かといえば、全世界の人々を神様の息子、娘としてつくることです。ですから、私たちが神様に代わって息子、娘をつくる仕事をするようになるとき、神様は自分のすべてをいくらでも譲られるので、神様の息子の中でも、一番の息子になるのです。……

だからこそ、何をするにしても、神様の息子、娘をつくるためには知識が必要であり、能力が必要なのです。一人だけが神様の息子、娘になるのではなく、万民を神様の息子、娘としてつくることを神様が望んでいらっしゃるので、そのために、あらゆる準備条件として、私たちは知識が必要であり、能力が必要なのです。知識を磨くことによって能力がつくようになるので、勉強しなければならない、という結論に到達するのです。(『三世たちの行く道』九四～五頁)

勉強をする目的を説明してみよう。

72

一生懸命に勉強し、
しっかり成長して、
天のみ前に大きな人物に
なってください

二世の皆《みな》さんは、学校でも、どのような所でも、真の父母様の子女であることを堂々《どうどう》と示さなければなりません。それが伝道です。学生は、学校で最高の学生にならなければなりません。一番にならなければならないのです。どのような環境《かんきょう》にいようと、皆さんは最高にならなければなりません。

世の中の人々《ひとびと》が二世たちを見つめていることを知らなければなりません。ですから、そのような中にいる皆さんは、どのようにしなければなりませんか。一生懸命《いっしょうけんめい》に勉強し、またしっかり成長して、天のみ前に大きな人物にならなければなりません。真の父母様が成《な》し遂《と》げようとされているそのみ旨《むね》を、二世たちが共に成就《じょうじゅ》できる位置に立つとき、世界の人が何と言うと思いますか。皆さんは勝利者になるのです。（天一国経典『真の父母経』一五六八頁）

勉強

真の父母様を証《あか》しするために、どんな努力をすべきだろうか？

73

国や世界のために勉強してください

勉強する人が、「私たちの家、私がよく暮らすために勉強する」と言うのと、「国と世界をよく生かすために勉強する」と言うのとでは、内容が違《ちが》います。普通《ふつう》の人は、何のために勉強しますか？　自分が出世するために、自分の家庭のために勉強します。国や世界のために、勉強しなければなりません。

理想的には、どのようになるべきですか？　もちろん、自分のために勉強するというのも（一種の）理想です。しかしそれよりは、家庭のためにというのが、より理想的だというのです。そして、家庭よりは国のため、国よりは世界のためにというのがより理想的であり、世界よりも宇宙のためにというのが、さらに理想的だというのです。（『文鮮明先生マルスム選集』一一八巻二一四～五頁、一九八二・六・六）

あなたは何のために勉強しているのだろう？　振《ふ》り返ってみよう。

74

神様の心情世界を把握するために勉強しましょう

学校に行って勉強するにしても、自分のために勉強するのではなく、神様が造られたあらゆる自然の妙味を自分が深く知るために、神様の心情世界を把握するために勉強しようというのです。神様を知ることによって、より深く愛し、より高く愛するようになります。

先生が自分に厳しい教育をしても、「それは自分をして天の愛と自然の愛を吸収させ、自分を中心人物にするためにそうするのだ」と考えなさいというのです。愛の主人にするためだというのです。自分が社会に出て働くことも、その激しい風が吹いてこのようにしても、愛を広げるため、愛の真価を現すためだと考えなさいというのです。(天一国経典『天聖経』五五九頁)

勉強を通して神様を感じたことはあるだろうか？

75

勉強も、祈りと同じように
全精力を傾け、
誠を尽くすのです

私は世の中に存在する論理を一つ一つ検証して確認《かくにん》するまでは、どんなことも受け入れることができませんでした。「その素晴《すば》らしい公式を、なぜ私が先に考えつかなかったのか」と思い、無駄《むだ》に腹を立てたりもしました。

幼い時、夜通し泣いて、我《が》を張って譲《ゆず》らなかった性格が、勉強に対してもそっくりそのまま表れたのです。勉強する時も、祈《いの》る時と同じように全精力を傾《かたむ》け、誠《まこと》を尽《つ》くして取り組みました。（『平和を愛する世界人として』七六～七頁）

今までで一番勉強に投入したのはいつだろう？　振《ふ》り返ってみよう。

76

真の父母が話す言葉を話せるよう努力してください

皆さんは私のことをどれほど愛していますか？　皆さんは私の愛する息子、娘ですね？　それならば、母親が話す言葉を話せなければなりませんが、そのように努力しますか？　決心さえすればできます。簡単ではないでしょうが、皆さんは若いので、母語の歌をたくさん歌ってみてください。文法から始めることが難しければ、韓国語の歌をたくさん歌ってみてください。そうすれば、一つ一つの単語の意味を嚙みしめながら学ぶことができます。

表現というのはとても重要です。心にあっても、それを表現できなければ、相手が理解するまでに時間がかかります。愛する思いにあふれているのに、「愛している」という言葉を言えずにうんうんうなっているのは時間がもったいないでしょう。ですから、毎朝起きて、単語を一つずつ（覚えることから）始めるのです。私たちは、一つの家族です。（真のお母様、ブラジル・サンパウロ、二〇一八・八・六）

なぜ韓国語を学ぶ必要があるのか、考えてみよう。

77

国に入籍するには、母国語が分からなければなりません

国が設定されれば、憲法を中心として、戸籍《こせき》など、それに対する体系を整えて管理できる基本法ができなければなりません。その国に入籍《にゅうせき》するためには、母国語が分からなければなりません。

言葉と文化と生活環境《かんきょう》が、完全に真の父母様の文化圏《けん》を相続し、心情文化世界を代表した家庭として同じ形を備えなければ、天国に入籍できる資格が剥奪《はくだつ》されるのです。（天一国経典『天聖経』一二九八頁）

78

文化と言語を統一することは、
平和世界をつくるために
絶対に必要な条件です

父母様がコンドミニアムを造り、韓国《かんこく》人、日本人、ドイツ人、アメリカ人など、四カ国の人たちが一緒《いっしょ》に生活をしながら暮らす伝統をつくろうと思います。三年間一緒に暮らせば、自分たちは言葉が話せませんが、息子《むすこ》、娘《むすめ》たちは三年以内にすべて話せるようになります。……

その次には、国家と国家同士で姉妹関係を結ぶのです。祝福家庭が連結されれば、いつでも世界を旅行しながら暮らすことができる環境《かんきょう》になります。問題は、文化背景と言語です。文化と言語を統一することは、平和世界をつくるに当たって絶対に必要な条件です。（天一国経典『真の父母経』一四四八頁）

79

十分の一を捧げることで、
残りの十分の九も
聖なる物として取り扱われます

十分の一献金《けんきん》は、「私」が所有している物の中から十分の一を神様に捧《ささ》げることにより、全体を捧げるという意味があります。父に全体を捧げるのではなく、その中から精誠を尽《つ》くして十分の一を捧げるというのは、そのような意味で価値があるのです。そのように十分の一を捧げることにより、残りの十分の九も聖なる物として取り扱《あつか》われるようになります。

このように十分の一献金を捧げながら暮らす人は、絶対に滅《ほろ》びません。日がたてばたつほど、その人の「天の倉庫」があふれるようになっているのです。（天一国経典『天聖経』一一九三頁）

173　十分の一献金の意義を説明してみよう。

80

十分の一献金は、
一番精誠を込めた
手付かずの物で
なければなりません

神様のみ前に精誠《せいせい》を捧《ささ》げるとしても、手付かずの物をもって精誠を捧げなければなりません。そのようにしてこそ神様と関係を結べるのであって、使い残した物で精誠を捧げてはいけません。

十分の一献金《けんきん》は、一番精誠を込《こ》めた手付かずの物でなければなりません。それが祭物です。祭物を捧げるときは、手付かずの物を捧げなければなりません。（天一国経典『天聖経』一一九三頁）

81

精誠を捧げ、
恩恵を受けていく代価として、
感謝献金をするのです

精誠《せいせい》を捧《ささ》げ、恩恵《おんけい》を受けていく代価として、感謝献金《けんきん》をするようにしなければなりません。精誠のないお金は、天が願いません。精誠を込《こ》めたお金でなければならないのであって、ポケットに入れてあったお金を、そのまま献金してはいけません。三日以上身につけて供えて聖別し、それから献金しなければなりません。

自分の生命、財産をすべて入れなければなりません。先生は、もっている財産をすべて捧げました。その捧げた物を通して、世界の物質が渡《わた》ってこられるように橋を架《か》けるのです。そうすれば、永遠に滅《ほろ》びません。永遠に生き残るのです。（天一国経典『天聖経』一一九四～五頁）

82

私的な物を大切にし、
公的な物はないがしろにするのは、
絶対にいけません

皆《みな》さんは、公的な物と私的な物を、必ず秩序《ちつじょ》をもって区別しなければなりません。そのような過程を経て私的な物と公的な物の基準を明確にし、確固たる原則を中心として生きることができなければなりません。ところが、見てみると、大概《たいがい》は逆さまになっています。私的な物は大切に思い、公的な物はないがしろにしています。それでは絶対にいけません。

皆さんは、公的な物を大切に思うことができなければなりません。私たちがもっている私的な物を通して万物《ばんぶつ》復帰の峠《とうげ》を越《こ》えようとすれば、まずそれを公的な物とし、教会であれば教会、国家であれば国家、ひいては世界の物にしなければなりません。ですから、公的な物をより重要視しなければならないのです。……

天を中心として、すべての万物を見つめることができなければなりません。（天一国経典『天聖経』六五二一～三頁）

万物愛

　「公的な物」とは、例えばどんなものだろう？

83

神様の主管を
受けることを願う万物を、
神様の息子、娘が
主管しなければなりません

万物は、サタン世界において、サタンの子女の名をもつ存在によってサタンの主管を受けています。また、サタン世界の国家に主管を受けています。これが神様の嘆息される理由であり、万物が嘆息する理由です。ですから、これを蕩減、解怨し、神側に復帰しなければなりません。

そのためには、神様を中心とした神様の息子、娘が万物を主管しなければなりません。神様の前に主管を受けることを願う万物を、アダムだけでなくエバまでも主管しなければなりません。また人間の先祖、アダムとエバの子孫も、やはり一つになって万物を主管しなければなりません。（天一国経典『天聖経』六四六頁）

万物愛

万物が私たちに願うことは何だろう？

84

真の愛で万物を愛し、
保護、育成する人が、
万物の真の主人になります

世の中は、様々《さまざま》な組織体とそれに関係するものとの調和の中で運行されています。複雑で多様なこの世で、真の主人にならなければならないという思想は、人間と人間の関係はもちろん、人間と万物《ばんぶつ》の関係にも適用される思想です。

問題は、どのような人間に対して、「真の主人である」と言うことができるのかということです。より他のために配慮《はいりょ》して献身《けんしん》、奉仕《ほうし》するために生きる人生、すなわち真の愛の人生を実践躬行《じっせんきゅうこう》する人が真の主人になるのです。真の愛をもって万物を愛し、保護、育成する人が、万物に対しても真の主人になるのです。（天一国経典『平和経』一一四〇頁）

85

万物を愛し、
人間を愛する人は、
神様の愛を受ける資格をもちます

この地上の全万物《ばんぶつ》を神様の代わりに愛せる人であれば、その程度によって神様の愛を自然に受けるようになっています。ですから、万物を愛さなければなりません。万物を愛し、人間を愛する人は、神様の愛を受ける資格をもつ者になるのです。

世界とこの宇宙を愛し、世界万民《ばんみん》を愛する人、本当に生命を捧《ささ》げ、自分の生命以上に貴《とうと》く思って愛せる人は、自動的に神様の愛を価値あるものとして受けることができるのです。（天一国経典『天聖経』六六二頁）

神様は、人間と万物がどういう関係を築くことを願われているのだろう？

86

物がどこにあるか、
いつでも分かるように
片づけておきなさい

物は、どこにあるか、いつでも分かるように片づけておかなければなりません。皆《みな》さんは、美しく手入れをし、整頓《せいとん》することができなければなりません。

私は、「日本がなぜ祝福を受けるのだろうか」と考えたのですが、それは日本人《じん》たちが環境《かんきょう》をきれいにし、整理が上手だからだと思います。悪い霊《れい》は、（環境が）悪くなるようにさせ、良い霊たちは、「きれいにして神聖に整備しなさい」と言うのですが、良い霊たちがたくさん来て助けてくれるので、日本がそのように早く発展したと考えるのです。私たちは忙《いそが》しく活動をするとしても、今後、そのような面を生活化しなければなりません。

（天一国経典『真の父母経』一五三一～二頁）

　整理整頓がなぜ大切なのか、説明してみよう。

87

大切にし、節約し、
苦労するのは、後代にとって
良いことをするためです

大切にし、節約し、苦労して何をしようというのですか。後代のために良いことをしようというのです。それで、世界に誇れる基盤(きばん)をつくるという思想をもとうというのです。そのような思想の伝統を十年残し、そのような思想の伝統を百年残し、そのような思想の伝統を千年残すとき、大韓(だいかん)民国(みんこく)が世界から推戴(すいたい)を受ける民族になるのは間違(まちが)いありません。ですから、このような原則で指導しようというのが先生の思想です。

反対を受けている現在においては、最も悪い思想だと見ることもできますが、のちのちにはこの思想だけが残り、この思想だけが勝利すると考えるので、このような道を歩み始めたのです。(天一国経典『天聖経』六五五頁)

万物主管

ケチと節約はどう違(ちが)うのだろう？

88

お金を誰のために、
どのように使うかを悩み、
正しく使うところにおいてのみ、
本当の誇りが生まれます

万物《ばんぶつ》は、神様が私たちに下さった貴《とうと》いプレゼントです。人間は誰《だれ》もが、その贈《おく》り物を等しく受け取ることができなければなりません。一個人が万物を独占《どくせん》しようとし、一国家が科学技術や富を独占して他国を従属させることは、神様のみ意《こころ》に反しています。先駆《さきが》けて努力し、技術を開発するとしても、豊かになった後は、自分よりも恵《めぐ》まれない人に技術を教え、相手も豊かに暮らせるようにしなければなりません。これが真の経済の平準化です。

私たちが誇《ほこ》るべきは、高価な財布《さいふ》に入っている真っさらな紙幣《しへい》ではありません。その紙幣を誰のために、どのように使うかを悩《なや》み、正しく使うところにおいてのみ、本当の誇りが生まれるのです。（『人類の涙をぬぐう平和の母』二〇八頁）

より大きな価値のために、自分のお金を使ったことはあるだろうか？　振《ふ》り返ってみよう。

89

私たちは、
愛を中心として完成するために
食べるのです

皆《みな》さんが食べている食べ物は、すべて実りです。すべての万物《ばんぶつ》の実りを食べているのです。美しさの種の本体、美しさの生命体が縮小した物を食べているのです。

私たち自身がその価値ある物を食べている以上、価値ある愛を中心として完成するために、成長するために、それを食べていることを忘れてはいけません。そのような心をもって食べれば、病気にもならず、健康によく育つことができるという話が成立するのです。（天一国経典『天聖経』六五七～八頁）

普段《ふだん》、どのような気持ちで食事をしているか、振《ふ》り返ってみよう。

90

自然を大切にして愛することは、神様を愛することと同じです

自然を大切にして保護する近道は、自然を愛する心を持つことです。道を歩いていて一株の草を見ても、涙《なみだ》を流すことができなければなりません。一本の木を抱《だ》きかかえて泣くことができなければなりません。一つの岩、一瞬《いっしゅん》の風にも、神様の息遣《いきづか》いが隠《かく》れていることを知らなければならないのです。

自然を大切にして愛することは、神様を愛することと同じです。神様がつくられたすべての存在を、愛の対象として感じなければなりません。博物館にある一つの作品がいくら立派だとしても、生きている神様の作品には及《およ》びません。道端《みちばた》に咲《さ》く一輪のタンポポが新羅《シルラ》の金の冠《かんむり》より貴《とうと》いのです。

（『平和を愛する世界人として』三四〇～一頁）

自然を見ながら感動したことはあるだろうか？　振《ふ》り返ってみよう。

91

神様は、
私たちが環境をよく治め、
環境と共に楽しく
暮らすことを願われました

神様は人間を創造する前に環境を先に創造されたのであり、私たちが神様のみ旨のとおりに環境をよく治め、環境と共に楽しく暮らすことを願われたのです。

したがって、私たちは、地上の一株の草や、空の一点の雲を見ても、天のみ前に感謝できる真の人となって、各種の公害を根絶するために、先導的役割を果たさなければなりません。神様の創造本然の世界を探して立て、その前に謙虚な心をもって生きなければなりません。（天一国経典『平和経』一〇八九頁）

環境保護

環境を治めるとはどういうことか、考えてみよう。

92

環境汚染と自然破壊は、
神様が創造された神聖な世界を
冒瀆するのと同じです

私たちの世界は、深刻な環境《かんきょう》危機に直面しています。環境汚染《おせん》と自然破《は》壊《かい》は、神様が創造された美しく神聖な世界を冒瀆《ぼうとく》するのと同じことです。真の愛のない人は、自然世界を単に利己的に利用しようとばかり考えます。堕落《だらく》がもたらした深刻な結果の一つは、アダムとエバが神様の真の愛を相続できなくなることによって、人々《ひとびと》や動植物や地を正しく愛することができなくなったことです。万物《ばんぶつ》は、人間の真の愛を待ち望んでいます。

（天一国経典『平和経』八〇六頁）

苦しむ地球を見ながら、神様はどう思っていらっしゃるだろう？

93

利己主義の最大の被害者は美しい大自然です

物質が精神を支配し、心を支配していった結果、人間の心霊《しんれい》が物質の奴隷《どれい》になってしまったのです。そして、その結果は真の愛の没落《ぼつらく》です。物質的に豊かであり、都市には高層の楼閣《ろうかく》が立ち並んでいますが、人間の心は砂漠《さばく》のように荒《あ》れ果《は》て、そこでは真の愛のオアシスは見いだせないので、人間の生活は殺伐《さつばつ》この上ないものになったのです。そこには真の愛がないので、人間の利己主義ばかりが生《お》い茂《しげ》るようになりました。この利己主義の最大の被害者《ひがいしゃ》は美しい大自然です。……

自然環境《かんきょう》は、今ではもう破壊《はかい》されるだけ破壊され、水と空気は汚染《おせん》されており、人類を保護してくれていたオゾン層まで破損されているのですから、このまま行けば人類は、自ら構築した物質文明のために自滅《じめつ》を免《まぬが》れない境地にまで至るでしょう。（天一国経典『平和経』一〇六頁）

　あなたが関心のある環境問題は何だろう？　考えてみよう。

94

家庭を愛し、
国、世界、神様を
もっと愛さなければなりません

家庭を愛するよりも国をもっと愛さなければならず、国を愛するよりも世界をもっと愛さなければならず、世界を愛するよりも神様をもっと愛さなければなりません。それが真の人生が行く道です。これが人類歴史において行かなければならない正道です。

このように行くことによって、「私」が落ちていくのではなく、家庭を土台として国に、国から世界に、世界から神様まで出ていくことができるのです。そうしてこそ、歴史に孝子が残り、愛国者が残り、聖人が残るのです。その次に、神様の息子《むすこ》、娘《むすめ》が残るのです。人間の最後の目的は、神様の息子、娘になることです。そうすることによって、皆《みな》さんの欲望が最高に高まり、最高に幸福になることができますが、その幸福は無限の幸福であり、全体のための幸福です。（天一国経典『天聖経』三三五頁）

95

郷土を愛し、
その地域社会を愛してこそ、
愛国も可能なのです

南北統一はどこから、何をもって成《な》し遂《と》げるのでしょうか。力で屈服《くっぷく》させれば、相手側の力がもっと大きくなるとき、また闘《たたか》いが起こるようになります。そのやり方では、統一を成し遂げることはできません。たとえ韓国の地で暮らしていても、北朝鮮《きたちょうせん》で暮らす彼《かれ》らと一緒《いっしょ》に暮らしたいという心、一つにならなければならないという心があってこそ、統一の道は開かれるのです。……

郷土と共にどのように生きるのかを考えてみなければなりません。自分の父母と共に暮らしたいと思わず、郷土と共に暮らしたいと思わない人が、国を愛するというのは偽《いつわ》りです。国と共に生きてこそ、世界と共に生きるようになっています。そして、世界と共に生きてこそ、神様と生きるようになっています。ですから、郷土を愛し、その地域社会を愛してこそ、愛国も可能なのです。（天一国経典『平和経』一二六九～七〇頁）

　あなたの地元の魅力《みりょく》は何だろう？　アピールしてみよう。

96

国境を越え、
世界の人々を導くことのできる
教育をしなさい

　自分の国のためだけに生きる教育をしてはいけません。国境を越《こ》え、世界のあらゆる人を導いていくことのできる教育をしなければなりません。「世界は一つだ。勉強するのも世界のためにする」と言わなければなりません。いずれにせよ、世界は一つにならなければならないようになっています。ですから、結局は一つになるのです。

　そのような点で、教育内容の中に宗教教育が必要です。それは、国境を越えることができます。その次に、思想的な教育が必要です。それは世界的です。国境を越えられるというのです。ですから、思想的な内容と宗教的な内容を兼《か》ねた教育にならなければなりません。今後、どのような国家でも、世界のための教育理念に支えられた国家でなければ、世界人類の前に立つことはできません。（天一国経典『真の父母経』一〇五〇〜一頁）

97

一度だけの人生を、
世界が必要とすることに
投じてください

志を立てるにおいて、自国の狭い国土を怨むような愚かなことをしないでください。皆さんが行うこと（内容）によって、自分の国はいくらでも広げることができ、ひょっとすると、国境が完全になくなるかもしれません。私たちがアフリカで活躍すれば、アフリカは自分たちの国になります。ですから、世界を舞台にしてやれることを探してみてください。おそらく、今まで皆さんが夢見てきたことよりも、はるかに多くのことを発見できるでしょう。

一度だけの人生を、世界が必要とすることに投じてください。冒険をしなければ、宝島に行くことはできません。自分の国を超えて、世界を舞台に志を立てることを願っています。（『平和を愛する世界人として』三五七～八頁）

愛国心

世界を意識して、あなたが今取り組めることは何だろう？

98

天国とは、
二人が一つになって生きる
世界のことです

心と体の統一によって人格完成を成就(じょうじゅ)し、ために生きる人生の実践を通して、皆さん各自の心の中に平和の基地を定着させるよう願います。私たちが怨讐(おんしゅう)までも赦(ゆる)し、ために生きる人生を実践するとき、小さくは個人から、大きくは世界まで、平和文化を成就できるようになるのです。……

天一国とは、二人が一つになって生きる世界のことをいいます。小さくは個人の心と体が一つになって個人として完成体となることであり、大きくは夫婦が一つとなり、父母と子女が一つとなって、三代を通して家庭を一つにしなければならないことはもちろん、全人類が神様のもとの一つの兄弟姉妹として、苦楽を共にできる世界を創建しなければならないということなのです。〈天一国経典『平和経』一〇八七頁〉

二人が一つになるために持つべき姿勢とは何だろう？

99

もっと与えたいと思い、
そこに千万倍加えて
返したいと思う所が天国です

神様がいらっしゃる所には、愛が満ちあふれます。与《あた》えれば与えるほど、もっと与えたいと思い、受ければ受けるほど、そこに千万倍加えて返したいと思うのです。そのような所が天国です。

そこでは、もっと与え、もっと受けることができるので、爆発《ばくはつ》的な刺激《しげき》を感じるようになります。すべての細胞《さいぼう》が、はち切れるような刺激を感じるのです。神様の愛は、そのようなものです。（天一国経典『天聖経』二六四頁）

もっともっと与えたいという気持ちになったことはあるだろうか？　振《ふ》り返ってみよう。

100

神様がいらっしゃるので、私たちは何でもできるのです

歴史上、偉大《いだい》な指導者はみな、幼い頃《ころ》から人生の目的が明確でした。彼《かれ》らは、幼い頃に胸に抱《いだ》いた目的を生涯《しょうがい》大切に持ち続け、それを成《な》し遂《と》げようと熾烈《しれつ》な人生を生きました。寝《ね》て、起きて、活動するすべての人生の営みが、未来の舞台《ぶたい》を準備するためのものだったのです。今、果たしてどれだけの人がそのような人生を生きているでしょうか。

私たちは全員、偉大な人間として創造されました。何の意味もなく皆《みな》さんがこの世界に出てきたのではありません。神様は、自分のすべての愛を注いで私たちをつくりあげられたのです。ですから、私たちはどれほど偉大な存在でしょうか。神様がいらっしゃるので、私たちは何でもすることができるのです。（『平和を愛する世界人として』三五二～三頁）

　生涯をかけて成し遂げたい、あなたの夢は何だろうか？

引用文献

文鮮明『平和を愛する世界人として』文庫判・初版第1刷（光言社、2017）
韓鶴子『人類の涙をぬぐう平和の母』初版第1刷（光言社、2020）
世界平和統一家庭連合『祝福家庭と理想天国（Ⅱ）』初版第5刷（光言社、2018）
＿＿＿＿＿＿天一国経典『天聖経』第5刷（世界平和統一家庭連合、2017）
＿＿＿＿＿＿天一国経典『平和経』第5刷（世界平和統一家庭連合、2017）
＿＿＿＿＿＿天一国経典『真の父母経』第4刷（世界平和統一家庭連合、2016）
＿＿＿＿＿＿『二世たちの行く道』第2版第1刷（光言社、2018）
文鮮明先生マルスム編纂委員会『文鮮明先生マルスム選集』【韓国語】118、133巻（成和出版社、1990-1991）

あいてんあいじんあいこく
愛天愛人愛国100のメッセージ

2020年7月8日　初版第1刷発行

編　集　　世界平和統一家庭連合
発　行　　株式会社　光言社
　　　　　〒150-0042　東京都渋谷区宇田川町37-18
　　　　　TEL 03-3467-3105
　　　　　https://www.kogensha.jp
印　刷　　共同印刷　株式会社

©FFWPU 2020　Printed in Japan
ISBN 978-4-87656-659-4
●定価はブックカバーに表示してあります。
●乱丁・落丁本はお取り替えいたします。
●弊社の商品は右のコードからご注文いただけます。